マンガ
台北高校物語

著者　陳中寧
訳者　津田勤子

序

国立台湾師範大学　台湾史研究所　蔡錦堂

陳中寧君が描いた『マンガ　台北高校物語』は非常にユニークな歴史漫画で、各界、そして青少年以上の皆さんに推薦する価値のある作品です。推薦をする前に、「台北高校」という、日本統治時代に台湾にあったエリート養成学校について、簡単にここで紹介をしておきましょう。

「台北高校」は正式名を「台北高等学校」といい、一九二二年に台湾総督府が設立しました。現在の国立台湾師範大学の「前身」にあたります。台北高校は当時台湾で唯一の高等学校で、尋常科（四年・中学に相当）と高等科（三年）を備えた七年制の「旧制高校」でした。第二次大戦前、日本全国（植民地、占領地を含む）には「エリート中のエリート」を育む三十八の高等学校があり、台北高校はその中の一つでした。卒業生は、申請さえすれば原則的に無試験で「台北帝国大学」（現在の国立台湾大学）や他の帝国大学に入学できました。帝大卒業後は、国家の高等官僚や教授、研究員、実業界のトップといった地位に就きました。台北高校も日本人・台湾人を問わず、優秀な社会エリートや指導者を輩出しました。台湾人であれば前総統の李登輝、行政院副院長の徐慶鐘、立法院長の劉闊才、司法院長の戴炎輝、副院長の洪寿南、監察院副院長の周百錬、考試院副院長の林金生、更に実業界では辜振甫、林挺生、学術・医学界では張漢裕、李鎮源、魏火曜、文学界では邱永漢、王育徳等、日本人であれば鹿野忠雄、濱田隼雄、国分直一、中村孝志、岸田実、小田稔、小田滋といった人々もみな台北高校出身です。

ここ数年　私は学生達の台北高校研究を指導したり、師範大学の講義で高校の歴史や特徴を話したりしています。師範大学美術学科の学生だった陳君は、私の講義を履修中に、私をアッと驚かせるレポートを提出して来ました。それこそ、台高物語漫画の草稿だったのです。当時（二〇一二年）我々はちょうど「台北高校九十周年記念活動」を準備中で、この「擬人化」の手法を採った『マンガ　台北高校物語』の出版を、台高記念活動のいわば「秘密兵器」とすることにしました。ところが残念なことに、陳君は様々な原因があって予定どおりに原稿を完成させることができませんでした。しかし、今年（二〇一三年）実に多くの台高に関する資料や写真、研究成果を参考にし、台北高校の重要なシンボル「自由の鐘」の完成セレモニーに合わせて、ついに『マンガ　台北高校物語』を完成させました。私は、陳君の頑張りと粘りに心から敬意を表します。

この本で陳君は、台高校長三沢糾が「自由の鐘」を残していく場面を通して、こんなことを私達に語りかけています（一〇九～一一一ページ）。

成長過程にある学生達は多かれ少なかれ
失敗や誤りを犯すものです。
それでも
自由な環境を彼らに与え、
彼らの失敗を許し、
考える機会を作ってやり、
黙って成長を見守るのが、
我々学校のすべきことじゃないですか。

作者である陳君が創作して生み出した「台北高校」と「台北帝国大学」というキャラクターが、「自由の鐘」を思い浮かべつつ放った言葉ですが、これこそ今日教育の現場に立つ私達が、教訓にすべきことではありませんか？

台湾師範大学美術学科の卒業生が、このように傑出した、歴史学の参考資料としても価値ある創意あふれた「歴史漫画」を出版したことを、私は心から喜ばずにはいられません。（本書の中国語版は２０１３年６月に出版されました。この日本語版は津田勤子さんに翻訳をお願いしました。）

台北高等学校

誕生日：1922年4月23日
所属先：七年制高校
住所：古亭町
趣味：ストーム
自由奔放な少年。他人の目を気にしない。
まるでストームのように、特異な行動で台北の街を席捲する。
台北一中の校舎をしばらく間借りしていた。

もし 学校を擬人化したら・・・

台北第一中学
龍口町在住。
真面目で地道な中学生。

高等農林学校
台北帝大の同居人。
体がデカくて、さっぱりした性格の農家の息子。

台北高等商業学校
幸町在住。
細かい計算が得意な商人気質を持つ。

台北帝国大学
帝大九兄弟の七番目。
落ち着いていて大人っぽい。
いつも台高の尻拭いをしている。

松村傳
第一代校長。スパルタ式教育者。
三沢糾
第二代校長。自由主義の教育方針で台高に大きな影響を与えた。
下村湖人
第三代校長。任期中、ストライキ事件が起こる。
谷本清心
第四代校長。安定した学校運営で、大過なく勤める。

登場人物紹介

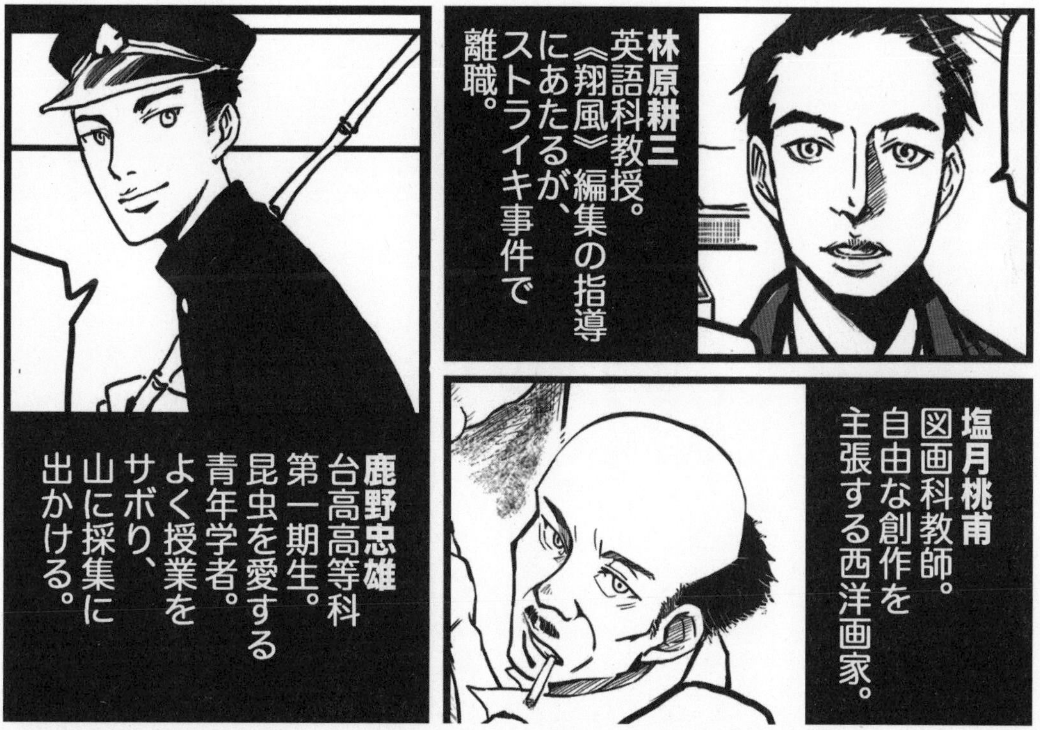
林原耕三
英語科教授。《翔風》編集の指導にあたるが、ストライキ事件で離職。
塩月桃甫
図画科教師。自由な創作を主張する西洋画家。
鹿野忠雄
台高高等科第一期生。昆虫を愛する青年学者。よく授業をサボり、山に採集に出かける。

目次

第一回　台北高校、参上！

はじめまして。僕、台北第一中学＊です。一八九八年に生まれて、今、龍口町に住んでいます。
一九二二年の今、スパルタ校長松村傳先生に突然呼び出しを受けました。
何でも総督府は台湾に大学と高校を設立するとか。その新しい高等学校は僕（台北一中）に校舎を借りたいんだそうです。
そのことなのかな？
校長先生、台北一中です。
入りたまえ。
失礼します。

ス―
ん?
なんという無礼な奴。
まさかこいつが新しい高等学校じゃあるまいな?
すぐに顔をそむけたぞ
居然馬上別過頭

台北一中。
はい
紹介しておこう。
今年できたばかりの台湾総督府高等学校だ。
校舎が完成するまで、しばらくここに住むので、仲良くしてやってくれ。
あれ？高等学校なのに、見た目僕と変わんないな。もっと大きいのかと思ってたのに…。
台北一中です。よろしく。

あいさつもろくにできんのか。高校のくせに！
バンッ
いてっ！
さすがスパルタ教育で有名な松村校長だ。
たたかなくていいだろ、ひげブタめ。
台北一中、とにかく彼をよろしく頼む。まずはこの辺りを案内してやってくれないか。
はい！
え！邪魔くせえなあ！
痛い～
自業自得
帝国大学 3~4年
七年制高校
高等科 3年
尋常科 4年
高校 3年
中学校 5年
小学校、公学校 6年
台高は七年制高校で、四年制の尋常科（中学に相当）と三年制の高等科から成る。尋常科と中学の違いは、入試なしで高等科に上がれる点だ。
入試の心配なし！
必死で受験勉強しないと。
＝ 入学試験あり
― エスカレーター式

台北高校に対する第一印象は・・・変な奴です。
とはいえ、しばらく一緒に暮らさなきゃいけないんだから、仲良くしないと。
えーと、教室でも案内しようか？
けっこう！
台北高校が現れる前、台湾の高等教育機関といえば、師範学校と職業専門教育の高等専門学校しかありませんでした。
前言撤回。こんな変な奴と仲良くできるもんか。無理無理！
そんなことより、
お前、自分の勉強をしろよ！合格率を上げたいならこんなとこで油を売ってる暇なんかないだろ。
高等学校を卒業したら、ほとんどの生徒が直接帝国大学に入れました。つまり当時のエリート養成所だったわけです。
生意気！
ガン
ガン
待てよ！
俺、一人でウロウロしてくるわ。
世話はかけねえ。
おい、
あ・・・
行っちゃったよ。

おはよう。
おはよう。
おはよう。
台北一中、おっす。
君！なんでゲートル、巻いてないんだよ！
登校する時は、軍隊と同じように足にゲートルを巻くのは常識ですよ！
俺らの体育の先生は、発育に悪影響が出るんで巻かなくていいって言ったぞ。

僕は、台北高校がいったい何を考えているのか、さっぱりわかりません。
あ！チョウだ！
バタン
全く人目を気にせず、我が道をゆく。
この時間は理科の模擬試験を行う。範囲は全部で、試験時間は一時間。
みんなもう四年生になったのだから、来年の高校受験の予行演習だと思ってやりなさい。
ため息をつくな、諸君のためを思って・・・
わ、わ！
どこのクラスだ、うるさい！今、授業中だぞ！
たぶん台高の尋常科だと思います。今日野外採集に出かけるらしいです。

ワー
ワー
ワー
奴らには受験の心配がないから、在学中好きなことができるんだ。
あ～あ、それに比べ僕らは
いい高校に受かる為に、青春を勉強と試験に捧げて。
貴重な青春を無駄にさせて悪かったな！
台高の尋常科に受かってればなあ。
そんな簡単じゃないぞ。
あそこの定員は40名のみで、しかも内地人の生徒とも競わないといけない。
高等学校の門は狭き門も狭き門。
君たち、その門に入れなくてここに来たんだろうが。

過去を振り返る暇があれば今を生きなさい！問題を追加してやる！明日提出だ！
なに!?
地獄特訓
台北高校が何だ、目指すは東京の一高※だ！
ええ！

※旧制第一高等学校、略して「一高」。当時全国一の高校だった。

はぁ〜

台高の部屋の灯りがまだついてる。もうとっくに消灯時間は過ぎたのに。
こんな時間に何してるんだろう？
※台北一中の略称
あ！北一！
あ！
へっへっ、ほら、これ。今日七星山で採集した昆虫だ！
羨ましいだろ－！

こんなにたくさん獲ったぞ！
見ろ。
啊啊啊啊啊啊啊啊啊啊！
＊ぎゃ――――
かっこいいだろう？内地ではお目にかかれない品種ばっかりだぞ。
ここは昆虫パラダイスだ！
僕からすると地獄だ！

とにもかくにも
ポッ
僕の生活は台高の出現で一変し、落ち着ける時間が全くなくなったのです。
おい！
わざとやっただろ!!…
いやいや…
彼は本当に・・・
変なヤツ
普段はわけのわからない書物を読んでいます。
原書？
認めたくないけど、学校の勉強もよく出来ます。
でも、無意識にとる態度が、時にこっちをムッとさせます。
こんな簡単な問題に、なんでそんなに時間かけるんだ？
慎重なだけ！ほっといて！
幸いにして
勘弁してくれ!
運動方面では僕の方がやや優っています。この点では、彼の鼻っ柱を折ってやれます。
仕返しが快感→
ドドド

こうして三年はあっという間に過ぎました。
おい！台高君！
全く！こんな所で何やっているんだ？
今日は君の高等科第一期生の入学式だぞ！
高等科だって？
一九二五年、台北高等学校は
高等科の1年目を迎えました。
ますます面白くなってきたぞ。北一中、覚悟しとけよ！

友學
第二回　ストーム来襲
仮台灣子供世界社發行

高等科開設後、僕たちはそれぞれ新しい校長を迎えました。
台高にはこの間に何か変化があったようです・・・。
破帽
高下駄
タバコ
わ！上から下まで全身が校則違反だ。
これこそ世に言う「バンカラ」だ、高校生の間で、はやってんだぞ。
そんなこと知らねぇよー

君んとこの卒業生がうちに入って来るぞ！
そうか！
君のような頼りない新設校に、可愛い生徒を任せていいのか心配だよ。
悪に染めないでくれよ。
心配すんなって！
ドン
ッ
いてっ
俺が保証する！
大丈夫
問題ない！
生徒たちが、何の束縛もない環境で自由に成長し、やりたいことができるようにするから。
……
それが心配なんだ。

台高の奴、どこから来るんだ、あの自信は。
新設校だというのに。
もしかしたら・・・
本当に安心して生徒を任せてもいいのかもな。

*ジャンジャンジャン
鏘鏘鏘
なんだ！
*ガターン
啪
*ドン
咚

咚咚咚
おい！台高君！
なにごとだ？
こんな夜中に
何やってんだ！
ストームさ

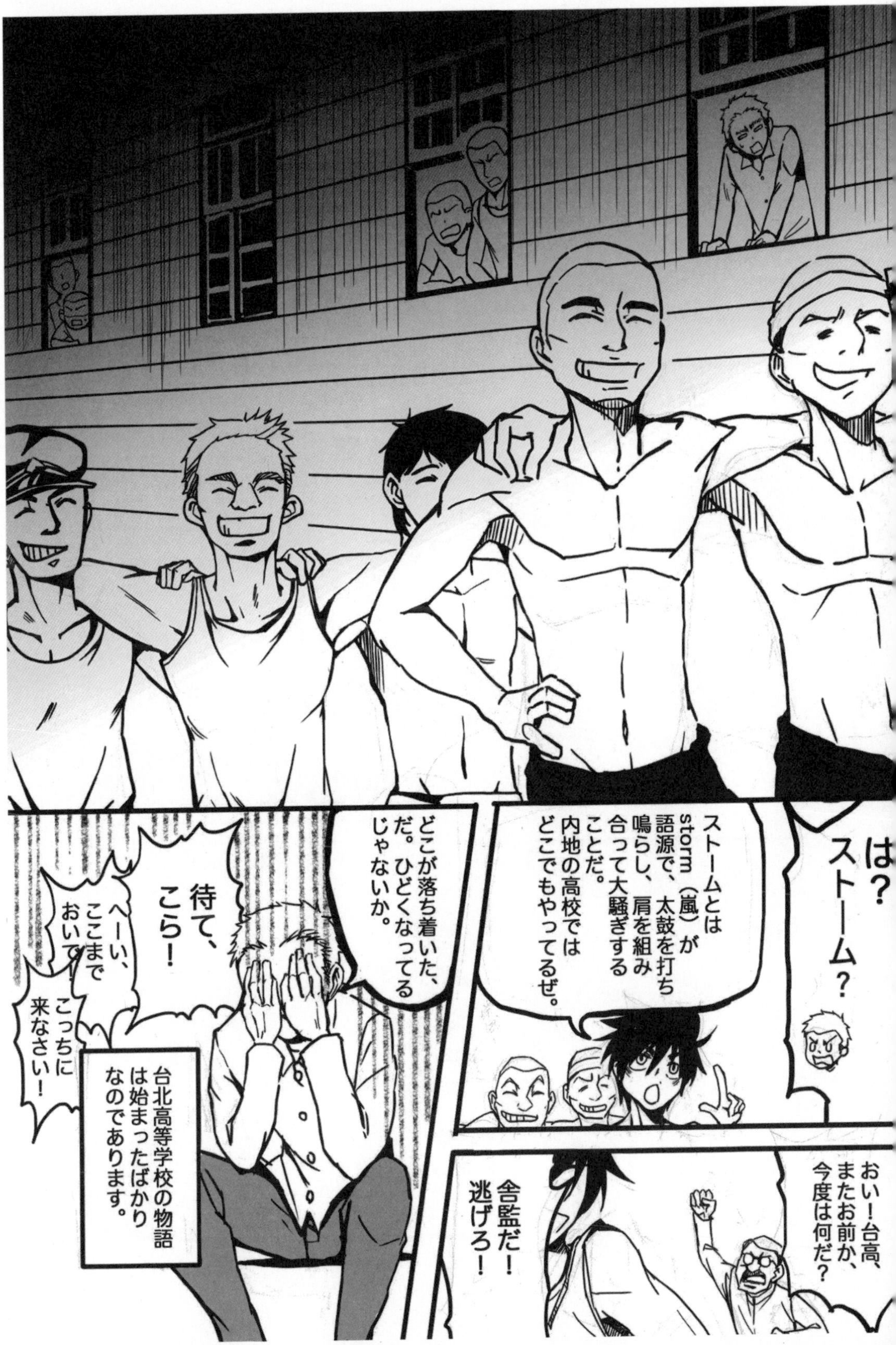
は？ストーム？
ストームとはstorm（嵐）が語源で、太鼓を打ち鳴らし、肩を組み合って大騒ぎすることだ。内地の高校ではどこでもやってるぜ。
おい！台高、またお前か、今度は何だ？
舎監だ！逃げろ！
どこが落ち着いた、だ。ひどくなってるじゃないか。
待て、こら！
へーい、ここまでおいで！
こっちに来なさい！
台北高等学校の物語は始まったばかりなのであります。

高等科は理科と文科に分かれ、第一専攻の外国語により更に甲類と乙類に分かれる。
高等科
文科
甲類：英語専攻
乙類：ドイツ語専攻
理科
甲類：英語専攻
乙類：ドイツ語専攻
理科生は大部分が日本の中学出身者で、
高等科の初期において内地の高校の気風を持ち込んだのは彼等だった。
S
?
ストーム!
ストーム!!
文科は甲と乙で気質が違った。
L
文乙
東大入試一直線型
文甲
破天荒型
後に理乙は医学部を目指す台湾人生徒中心になった。受験準備に没頭する文理乙類は校内活動に消極的だった。
うわー
東大
反対に文甲の生徒は問題児も多かったが、学校創立以来、校内活動に積極的な生徒が多くいた。

カランコロン
カランコロン
あれは。
見苦しい！
まあ、なんでしょ
台高生は肩を組み歌声高らかに台北の街を闊歩した。これは内地ではよく見る光景だったが、
当時保守的だった台湾社会では奇異に映り、人々の目を引いた。

台高君。
学食で食べないで、こんな所で何やってるんだ？
飯食ってんだ。
見てわからんか
当然わかるよ！なんでここで食べてんだって聞いてるんだよ！
賄い料理がまずいからわざと外食することを、賄い征伐という。
ドン
賄征伐
食物と金を無駄遣いしてると思わないの？
それにどんな意義があるっていうんだ？
こんなこと続けていいと思ってるのか？新聞にも君を批判する記事が出てるんだぞ！
スー
聞いてるのか！
ごちそうさん。
お勘定、ここ。

心配すんな。
何のんきなこと言ってんだよ!
〝案ずるより産むが易し〟さ。
それに、自分の事でもないのに、何熱くなってんだ?
*グサッ
おせっかいですよ、どうせ僕は!もう勝手にしろ!
聞いてない・・
それはそうと
新任の校長、明日来るみたいだな。
ええと・・・何て言ったっけ?
!?!!
三沢糾!
最低だな、君!自分とこの校長の名も覚えてないのか?
三沢糾だ!
あ、そうだった。

君と話すの、ほんと疲れるわ。
話が通じない
？
「東の伊藤、西の三沢」の三沢糾だ。
東大を出てアメリカに留学。学生の自由と自治を重視する教育思想を持つ人物である。
和歌山海草中学や、後に大阪高津中学の校長を務めた、新進気鋭の教育家と言われている。
そこまで覚えてて、なぜ名前を憶えてない？
資料をたくさん頭に入れると、キーワードを忘れることってよくないか？
そうか？
三沢糾ってどんな人だろ？
一回に一つの話題にしてくれないかい？
なあ、カフェに行こうぜ。
さっき食事したばかりだろ。
飯とお茶は別腹だ！
勝手にしろ！

第三回　校長とサボリ大将

とうとう着いたな。
台湾か！
台北高校第二代校長三沢糾
この温暖な島に生まれた高校とは、いったいどんなものなのだろう、楽しみだ。

ギュッ
やーーー
コッ
砰！
*パン！

待て！
噠噠噠噠
失敬、ちょっと肩を拝借！
なんだ、お前は！
俺様を踏み台にするとは！こいつっ！
かたじけない！
しかしあのチョウをどうしてもつかまえないと！
下りろ！
あああああ
動かないで！
ああああ

*ダダダダダダ

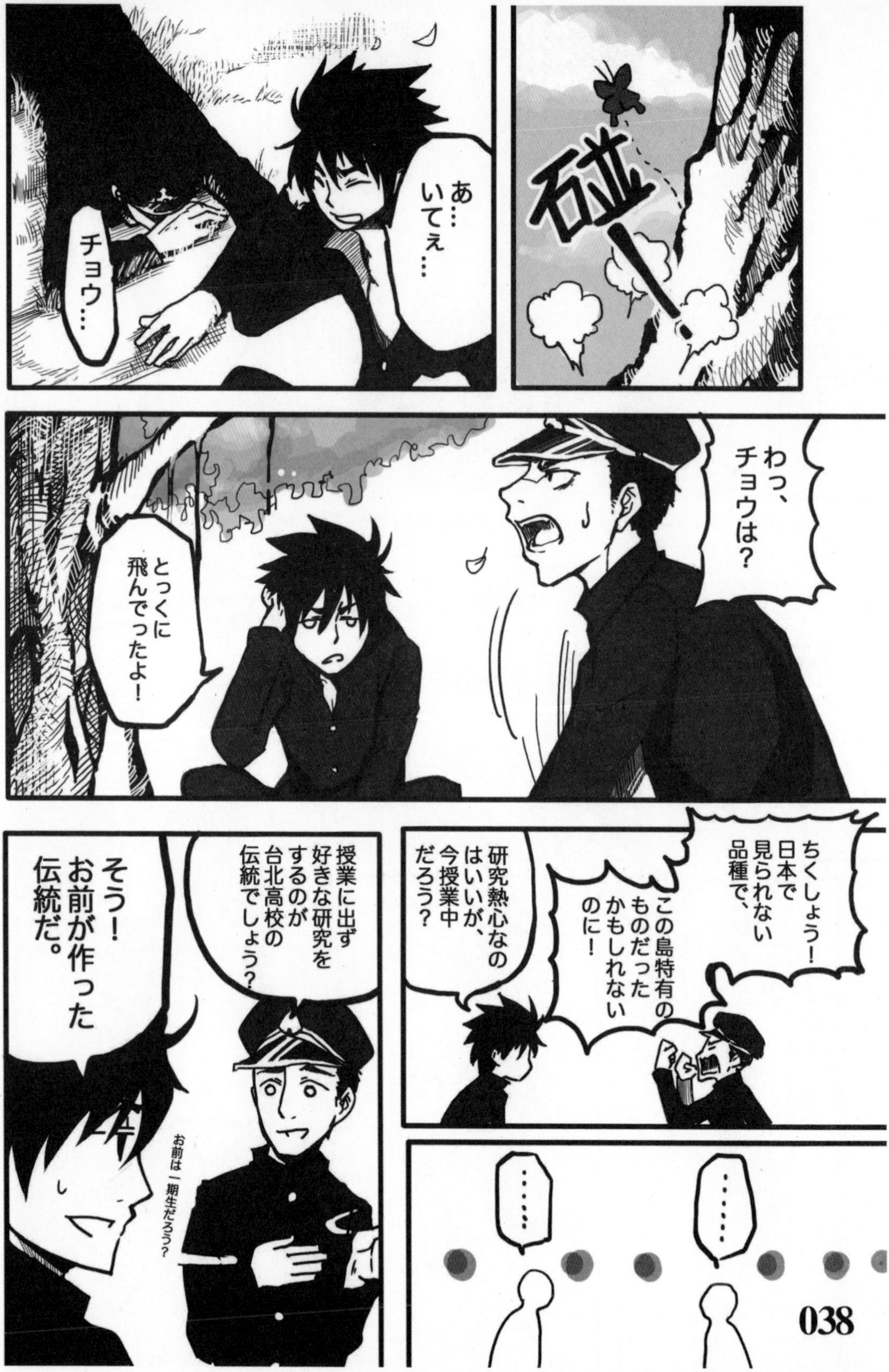
碰！
あ…いてぇ…
チョウ…
わっ、チョウは？
とっくに飛んでったよ！
ちくしょう！日本で見られない品種で、
この島特有のものだったかもしれないのに！
研究熱心なのはいいが、今授業中だろう？
授業に出ず好きな研究をするのが台北高校の伝統でしょう？
そう！お前が作った伝統だ。
お前は一期生だろう？
……
……

俺も昆虫は好きだ。
しかし、
こんなにイカレた奴は初めてだ。
やった！美しい天牛ゲット！
あ！
明日は北埔に採集旅行に行くのでした。帰って用意しないと。
では、お先に失礼します。
おい。
お前、名前は？
鹿野忠雄と申します。

ほお、
すごい新入生がいるものだ。
この昆虫オタクこそ、後に台湾で傑出した博物学・人文学の学者となる男だった。
最近見ないな、あの昆虫博士。
は？
ザワ ザワ
理甲の鹿野君だよ。
あんまり学校にも来てないが、どこに行ったんだろう？
あいつか！
おそらくどっかの山中だろうな。
愛する昆虫をつかまえに！

ところで
諸君は、ここで何を書いてるんだ？
我々、文芸雑誌を作ろうとしてるんです。
台北一中時代に文芸誌を作ったことがあります。
あ、西川満君を知ってるだろう？彼が主宰していたやつ。西川君と宮田君※による『桜草』は実によく出来ていた。
西川君、本当は今年台北高校に入りたかったんだが、入試の時失敗しちゃって。
じゃ、来年また受けるのか？
さあ。

※西川満：日本時代に活躍した作家・編集者。
※宮田弥太郎：版画家。

今のところ、これだけの原稿しか集まっていない・・・。
内容も、ちょっと少ないな。発行するには無理があるかも。
そんなことない！まず発行することが大事だ。内容はゆっくり充実させればいい。
しかし、ほら、見ろよ。この記事はやばいぞ。今の政治体制下では・・・。
なんだと！高校生は社会批判しちゃいかんと言うのか！
教頭先生※がどんな顔するか考えてみろよ。
なんだと？
……
＊ザ——
翔風。
！
そんなことより雑誌の名前、
『翔風』でどうだ！

＊教頭：校長を補佐する役職。校長が不在の際、校長代理を務める。

翔風か・・・自由に飛翔する風だよな？
・・・・・
なんだ、突然！
どさくさに紛れて名前決めるなんて、漁夫の利か！君は。
ははは、もう怒鳴る気が失せたぜ。
名前が決まったからには、今週中に掲載原稿をレイアウトして、印刷に回そう。
おお！
やれやれ、全く血の気の多い奴らだな。
春一番※の温かい風に乗って、一九二六年三月六日台北高校初の文芸誌『翔風』が正式に刊行された。
余談だが、西川満は台北高校にとうとう合格しなかった。

※春一番＝立春から春分の間に吹くその年最初の南風。

校長先生、目を通してください！
長校 糾澤三
うむ・・・・
風翔
ドキドキ
緊張
パン！
諸君の努力の成果、大変嬉しく拝見しました。
ただ残念なことに
内容が貧弱です。これでは中学生程度で、他の高校にはとても匹敵しません。
なんと容赦ない批評だ。

そこで
わたくしに案があります。
は？
校長
ご用でしょうか。
林原耕三
ザワ
ザワ
林原先生、この生徒達、校内文芸誌を発行しているんですが、一つ指導してやっていただけませんか。
なるほど。
ワィ ワィ
わかりました。
やった！
林原先生というと

日本の近代文学を代表する、文豪夏目漱石の
門下生であらせられる林原耕三教授ですぞ！
夏目漱石
やあ、照れるなあ。
校長先生ありがとうございます
『翔風』の美術編集？
どう？助けてくださいよ、善吉※せんせ。
本名で呼ぶんじゃない！失敬な。

※塩月桃甫：日本時代の著名な西洋画家。本名、善吉。台北高校で教えていた。

塩月先生のお力を借りれば、きっと素晴らしい雑誌になりますよ。
ここは林原先生の顔を立てて。
ははは！何が顔を立てて、だ！
ふ
林原先生までそんな・・・。
なかなか面白そうですな、私もお仲間に。
杉山産七先生※。
これはいい！杉山先生がいらっしゃれば鬼に金棒です。
※杉山産七：ドイツ語教授。台湾服を好んで着用した詩人でもあった。
翔風はこうして若手教師らの賛助・指導を得て、
塩月先生
表紙の番人の頭に乗ってるのはう●こでしょ。
ばか！百歩蛇だ。
高い評価を受ける傑出した校内刊行物になった。

全国制覇のきっかけ

一九二七年、台北一中は倉庫で奇妙な形状をした球を発見した。

1927年、台北一中は取り壊される校舎の中で、
奇妙な形をした球を発見した。
これがきっかけで、ラグビー部を設立し、
日本の全国大会に何度も出場するようになった。
1941年には優勝し、
全国制覇の目標を成し遂げたのであった。

第四回 引っ越し

*ポチャン
春雨の後、地面の泥は特に湿気を含むものだ。少し蒸し暑さを感じるある日の午後、古亭の新校舎へ引っ越すことになった。

気をつけろ！滑るぞ。
鹿野！
どんだけ標本箱、持ってんだよ。
一九二六年四月、台北高校は台北一中内の臨時校舎から古亭町へ移転した。
まだできてないのか？
これ、どこに搬入すりゃいいんだ？
すみません、台北高校さんはいらっしゃいますか？

※富田町：現在の台湾大学公館キャンパス所在地。

何してる、早く挨拶しなさい。
うー放して！
この子は・・・・
台北帝国大学っす！
はあ
このガキが帝国大学だと・・・？
チビ！

※大島金太郎校長は、

まだ開設準備の段階ですからね、だから小さいんですよ。
何を開設するというんだ?
彼の校舎はうちの敷地に建つんです。うちの校長※は、この子の理農学部を開設するために今てんてこ舞いっす。
そうか!興味ないぞ。
なるほど!あ!そうか!
農林!台帝大を借りてくぞ!
はい。後で返してくださいよ。
おお!
おい!諸君。
すぐにみんなを集めてくれ。
な、なにするんだよ。
はい。

おい、みんな、集合だ。
みんなに紹介しておきたい大事なヤツがいる。
このチビ、台北帝国大学と言う。
うちを卒業したら、みんな無試験でここに入れるんだぞ。
おお、僕、大学を見たの初めてだ。
大学だって？想像してたのより小さいな。
ここにいる人達が将来僕の学生になるの？

あのう、ちょっといいですか。
無試験で帝国大学に上がれるのは確かに楽です！しかし、台北帝大にしか入っちゃいかんという決まりはないんでしょう？
台湾に残るより私はむしろ内地の大学で勉強したいのです。
夢は東京帝大だよな。
私も東京帝大を目指しています。
植民地の大学は、どうしても植民統治を進める研究が中心になるからなあ。
京都大学の文学部だっていいらしいぞ。
いやあ、やっぱり東大だろう！
……
……！
……
おいおい！君達、口先だけでなく勉強もしろよ。
各自、自分の目標を持って、しっかり勉学に励むように！
ガタッ！

？
？
？
なんなんだ？急に怒ったり泣いたり。わからんヤツだ。
にぶすぎ。
救いようがない。
みんなの前で彼を侮辱したことに気づいてない・・・。
おい、もう帰るのか。台高さんともっと話をせんのか？
知らない！
おーい、高農！帝大のチビ、どこへ走ってった？
なんか面白いことが起こったようっすね。
あっちの方角へ走って行きましたっす。
なんで止めないんだ？
アンタが怒らせたんでしょう。早く謝ったほうがいいっすよ。
だってアンタ、無意識によくむかつくこと口にしてるっすよ。
でくのぼうかと思ったら、意外によく気がつくんだな。

人を馬鹿にしてるよ。
あいつ、僕のこと馬鹿にしてわざと恥をかかせたんだ。
だけど・・。
ここは
どこ？
誰か通ったら、
道を聞こう。

台高のやつ・・・・。
みつけた！
このぉ。うまく隠れたな！探したじゃないか。
何しに来たんだよ。自分の生徒達と一緒にまた嘲笑いに来たのか。
は？なんだ、何いってんだ？
あ？
お前なんか大嫌いだ！台高のバカ！
なんでもっと早く探しに来なかったんだよ。

よいよし
落ち着け
もう泣くな
え、と、えっと、
弁解させてくれー!
みつかったか?
ここだ!
ああ!
よかった、助かった!
行こうぜ!
お前と話をしたいと言う生徒たちがいるんだ。

あのう。
さっきは失礼な発言をしてすみませんでした。
台高さんは空気が読めないんです。
おい！
私の父は熱帯植物の栽培をしており、私もその方面の仕事に就きたいと思っております。
ですので、東南アジア研究に重きを置く台北帝大こそ、私の目標なのです
2年後入学しますので、どうかよろしくお願いします！
お願いします！
2年したら、こいつらをよろしく頼むぞ！未来の帝国大学よ。

うん！
俺、こいつを返してくるわ。先に帰ってろ。
気をつけて！
おお！
植民地の学校は大変だぞ！
学術思想の自由を主張すれば、政府とよくぶつかるし。
お互い頑張ろうぜ！

第五回　台北で大暴れ

＊わーーー!

＊おおおお、それ行けーーー!

※台北高等商業学校：日本時代の旧制専門学校。現在の台湾大学管理学院の前身。

なんだとおお!
台高さん!
やめないか!
ケンカ売ってんのか、
貴様!
落ち着いて!

あ、すまない。
俺、どうしたんだ？
失敬する！
お、おい！
なんだ、あれ。
さっき、俺、どうしたんだ？
急にキレて・・・
ほらよ。
お、すまん。

高商!?
涼しいからな、風邪ひくなよ。
さっきは本当にすまなかった。
気にしない、気にしない。
俺もわからんのだ、なんで最近こんなにキレやすいのか。
キレる? よくあるのか、こういうこと。
ああ・・・
特に生徒と生徒監がぶつかった時、ひどかった。
そうか。
知ってるか? 僕達の気分は校内全体の雰囲気に影響を受けやすいんだ。
君が突然キレたり怒るというのは、校内にきっと不穏な空気が流れてるんだぞ。
特に君のような自由な放任主義の高等学校は、
ドン
社会の反発を誘発するような逸脱行為をずっと前からやっている。

はっきり言うけど！
いつまでも生徒を過度に放任してると、そのうちとんでもない問題が起こるぞ。
おい、調子に乗ってないか。
忘れんな！君たち職業学校とは教育方式が違うってこと。
落ち着け！
とにかく、気をつけろよな。
ほっとけ
おーい、台高さん！
これから大稲埕の蓬莱閣で一杯やるんですが、
負けた憂さ晴らしにどうですか？
いや、今日はそんな気分じゃない。
やめとくよ。
はあ、白けるなあ！
わかりましたよ、俺らだけで楽しく飲みますよ。
……
ヴッ
おい！飲み過ぎんなよ、早く帰って来いよ！

何事も
なければいいが。
バチン
ちくしょう！
早く帰って来いって
言ったのに。
ちくしょう！
待ってられない！

こんな時間まで何してんだ。
ケンカだぞ！
公司
化粧品有限公司
また台北高校の生徒達だ。
早くこいつらを逮捕してください。
すみません、ちょっと！
何があったんですか？
！
！
ザワ
ザワ

おまわりさん！
うちの生徒達が何をしたんですか？
酔っぱらった台北高校生8名が喫茶店で大暴れし、客にけがをさせたのだ。
制止も聞かず、公然と反抗した。よって逮捕し拘留する。
放せ！お前ら帝国主義の犬め！
!?
三沢校長はこの知らせを受け、すぐに南署に駆け付けた。
学校側に処遇を任せるということで、生徒達は保釈された。
翌日、
泥醉高校生八名
用柔道使觀者負傷
新聞には台北高校生の逸脱行為を厳しく批判する記事が掲載された。
結果、この八名は無期停学処分に。
三沢糾校長就任以来、最も重い懲罰だった。

しかし厄介は
これだけで
済まなかった。
ふ
校長。
各学級の代表が
生徒監問題で
お話があると。
通しなさい。
生徒監、
それは生徒の
生活指導を
受け持つ役職で、
台北高校では
校内の教授が
その任務に
当たっていた。
台北高校の生徒達は
この生徒監制度が
過度の厳格的干渉だ、
と改善要求を
出していた。
校長！
生徒監の教授
の干渉は度を
越えてます。
我々の言論の
自由と自治の
権利を
冒涜してます！
何を言って
いるのだ。
無能教師を
やめさせろ。
我々は自分の
訴えを表明
しているだけだ！
静かにしなさい。
放せ！
どん

校長！
三沢校長！大丈夫ですか？
さっき校長先生を殴ったのは誰だ？
交渉の際、
生徒の一人が校長の頭部を殴ったことで事件は大きな騒ぎになった。
校長、大丈夫ですか？
ああ、
これくらい、大したことありません。
酔っ払って大暴れしたり、
生徒監問題で校長を怪我させたり・・・
校長、俺、
どう謝罪すればいいのか・・・。
三沢校長はずっと俺を信じて、自由にさせてくれて、俺が何しようと味方になってくれたのに・・・
こんなことになっちまって、本当に何と謝ればいいのか・・・

台北高校君。
決めました。
生徒監制度を廃止します。
はあ？
教頭！大変です！校長先生の頭が、おかしくなりました！
私の頭は君の頭より冴えてますよ。

翌日、全校集会で
諸君、
ザワ
ザワ
近日来、諸君と生徒監の教授が衝突する事件が絶えませんでした。
昨日、学級代表の皆さんが私の所に、生徒監を換えてくれ、と交渉に来ました。
生徒と教師の間のもめ事は、生徒監の教授だけが悪いわけでは決してありません。
制度そのものがよくないのです。
問題解決のため、
私は生徒監制度を廃止することを、ここに宣言します。
!?
校長、お待ちください！
生徒監制度を廃止するとは、どういうことですか！

なんと、
本当に廃止しちまったぜ。
この校長は、
本当にすごい人だ。
お久しぶりです、お疲れのようですね！
おお、お前か。鹿野。
お前が虫を追っかけてる間に、いろんな事が起きたぜ。
……
いいさ！お前は虫以外どうせ興味ないだろうから。
何ですか、もったいぶらないでくださいよ。

鹿野忠雄の危機

鹿野忠雄は欠席日数が多すぎた上、
期末試験にも現れなかったため、
卒業が危うくなった。
幸い三沢糾校長が追試の機会を与え、
やっと卒業にこぎつけた。

第六回　大騒動の記念祭

音楽部と美術部・・・
それから各部の展示に・・・。
演劇の場所は確定したのか?
新劇の形式でやるって?冒険じゃないか、それは。
何を今更!ここまで来たらやるだけだ!
各催しの予算も確認しました。
これらをまとめて、校長先生と教頭先生に目を通していただきましょう。
よし!我々の初めての記念祭だ!
おお
校長先生の許可が下りたら、さっそく行動開始だ!
すまん、通してくれ。
校長先生ー!

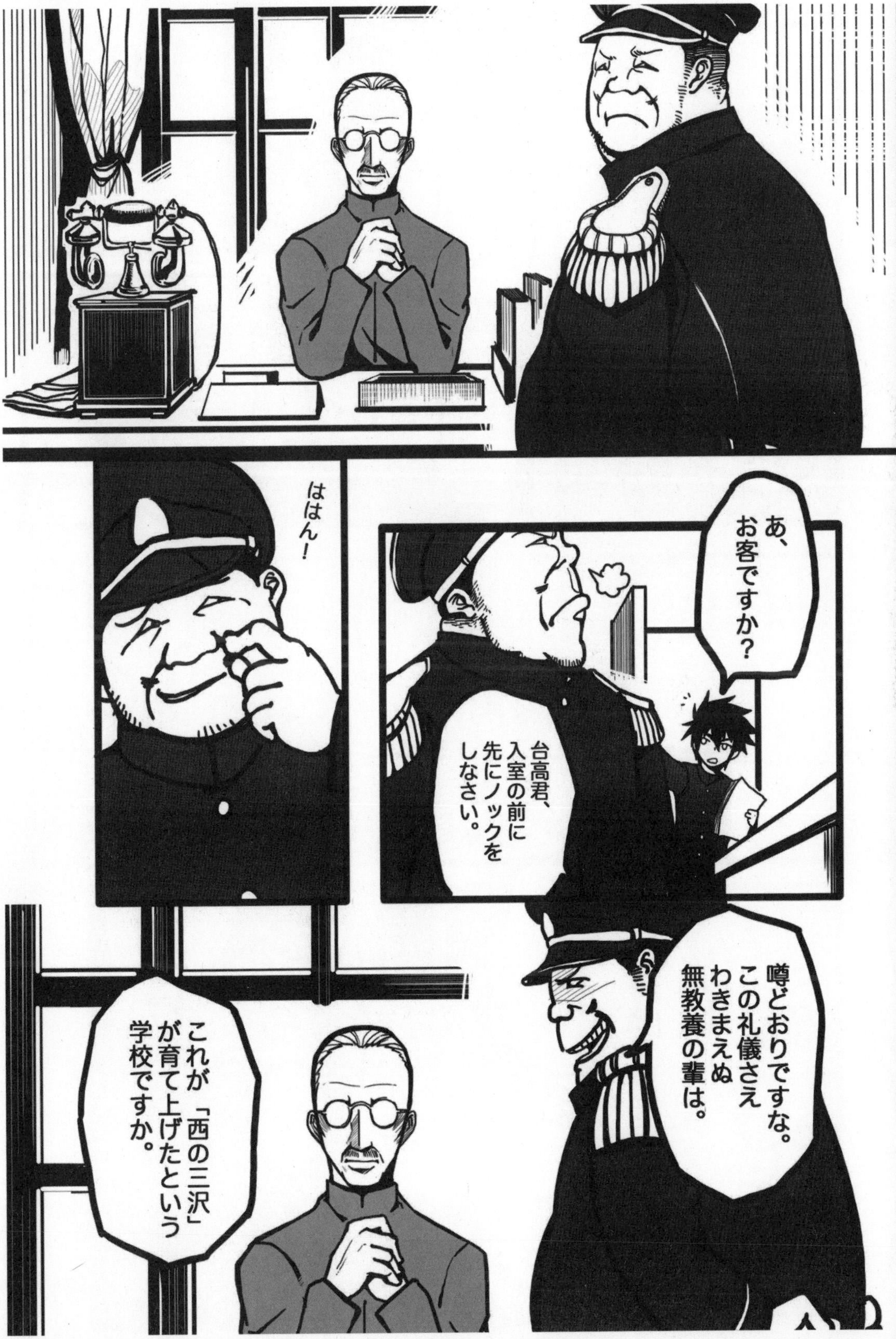
あ、お客ですか？
台高君、入室の前に先にノックをしなさい。
ははん！
噂どおりですな。この礼儀さえわきまえぬ無教養の輩は。
これが「西の三沢」が育て上げたという学校ですか。

このデブ！何を！
無礼な。
台高君、口を慎みなさい。
私はこちらの文教局長官と大事なお話がある。
君は出て行きなさい。
ふん！
あの豚、絶対話なんかしに来たんじゃないぞ。
三沢先生、
我々は教育に情熱を持っています。
政府が心血を注いで育成した高校があの様子では、
失望せざるを得ませんな。
傍若無人で無礼な生徒達を取りまとめるために、
絶対に
生徒監制度は必要です。
それをあなたは
生徒達に媚びるため、勝手に廃止になすった。

生徒監のことは
お聞きなさい！
三沢先生、あなたの甘い理想論と現実を一緒にしないでいただきたい。
去年こちらで起きた乱闘事件だって、
刑務所に送られるべき暴力的輩を停学処分で済ませた。
それだけならまだいい、
それらの生徒の卒業まで許可した。
わかってるのですか、
あなたには校長職をお願いしたのであって、山ザルのボスになれと言ったのではないのですよ。
もし政府の意向をこれからも無視するのなら
我々にだって最後の手段があります・・・
長官殿！大変です！
長官のお車が動いております。

なに？
どうして勝手に動き出すんだ？
どうもブレーキが緩んだようで。
ああ、私の新車が！
そうだ、長官殿。これは11月に開く我らの初の記念祭です。
どうぞお越しくださいませ。
こんな時に何バカなことを言ってるんだ！早く車を引っ張り上げんか！
授業がありますので。優等生はサボってはいけないでしょ、長官殿。
おい、戻って来い！
一九二八年、台北高等学校第一回記念祭開催！

よお～
君たち、随分偉くなったね。
農林！久しぶり。
はは！なんすか、そのおかしな格好は。
しばらく。
生番さ。
相変わらずですね。
………
お初にお目にかかります。どなた様でしょう？
？
本当に忘れたんですか、それともわざとか!?
百年たっても、変わらないんじゃないですか。
台北帝国大学じゃないっすか
ひええ
準備期
1925年
開学
1928年
この成長ぶり、つっこみようがないぜ。

台高記念祭には、政府の役人らもやって来た。
ん、なんだ、この臭気は。
こ、これは・・・
？
作品名：
アホ塔下の臭
どういうことだ、これは！

三沢はどこだ！あんな大逆不道のものを作ることを許可して、何を考えとるんだ。
お怒りはごもっともですが、記念祭劇が間もなく開演いたします。
まずはどうぞご鑑賞ください。
記念祭劇は「新劇」の形式で演出されたのだが、
ヨーロッパの戯劇に影響を受けたこの種の芝居に台湾の観衆は違和感を隠し切れなかった
台高生が記念祭劇で演じた出し物は、左翼思想に満ち溢れていた
何ということだ！政府を批判するこんな芝居が公然と演じられるなんて。
即刻公演中止だ！
は！
しかし
静粛に願います。
生徒達は多くの時間と心血を注いで準備してまいりました。それに何を演じようと彼らの自由です。
もしまだ静粛になさらないのなら、ご退場いただきたい。

そうだ！
今いいところなんだぞ！
役人だからって横柄にしていいのか？
嫌なら出てけ！
三沢！警告する！
総督府に今後もたてつくつもりなら・・・
どういうことになるか
覚えておれ！
バン
ザワザワ
うわ
なんだ、あれ。

台高生達が一生懸命演じた記念祭劇は、市民らの好評を得た。
よかったな。
必死で練習した甲斐があったぞ。
記念祭はまだ終わってないぞ！早く片付けて、焼却祭※に参加して来い。
記念祭というのはいいな。来年はもっと盛大にやるぞ！
君、喜んでおられる場合ですか。
文教局のあの役人の顔色を見てなかったのですか？
あ！
豚に超そっくり！
私が言ってるのは顔のことではありません。
君の所の校長はきっと、生徒達を守るために代償を払うことになりますよ。

※焼却祭：大きな焚火を囲む催し。

あの豚が校長に何かしたら、俺は・・・
どうされます？
生徒達を先導して総督府に殴り込みに行くとでも？
君が何をしようと勝手だが、もっと自分の立場というものをよく考えるべきでは。
いずれにせよ我々はしょせん学校に過ぎません。
教育に必要だから作られただけです。君が余計なことをしても、誰も得をしませんよ。
一九二九年十一月、三沢糾は台北高校の校長職を降任させられた。
台高に大きな影響を与えたこの校長は、生徒達の見送りの中台湾を離れて行った。

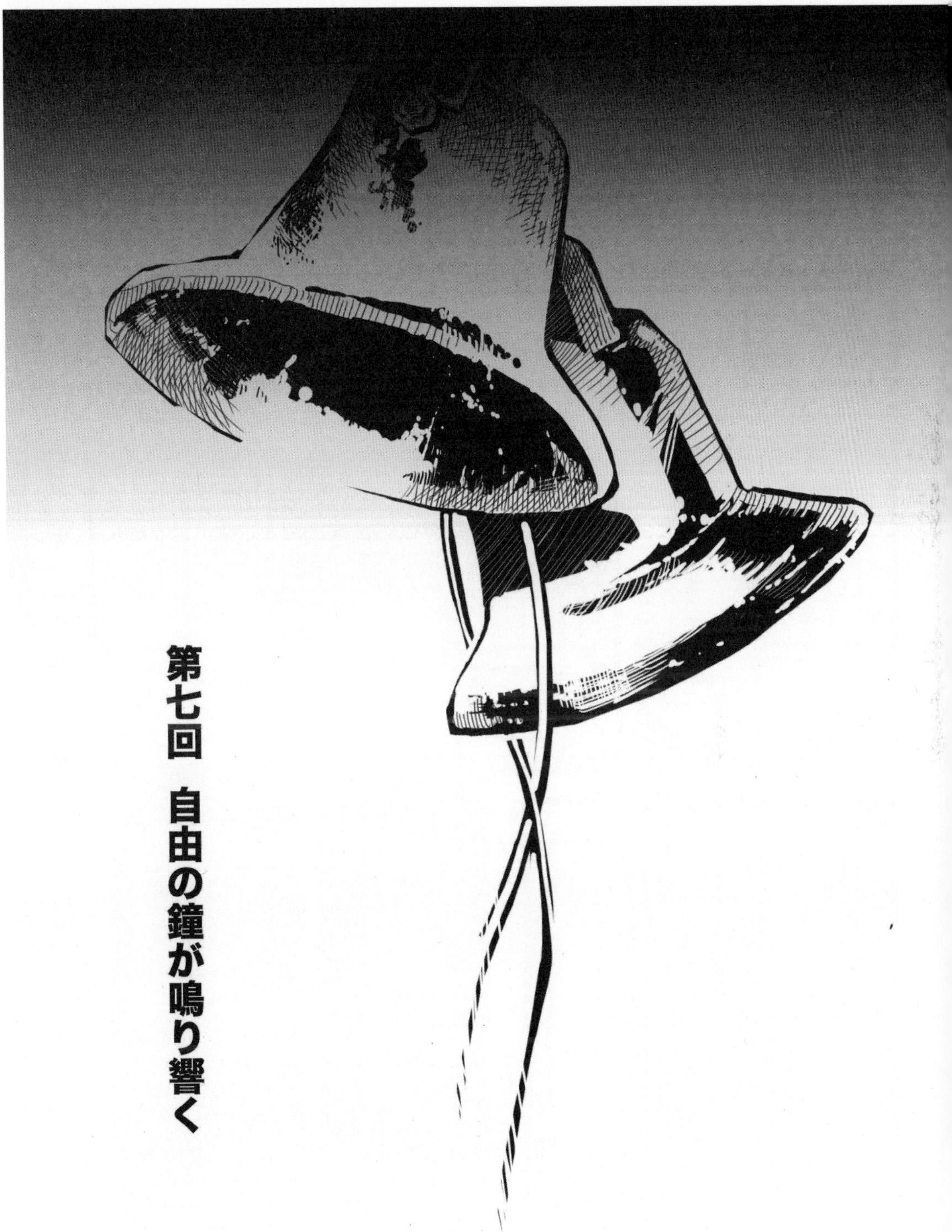

第七回　自由の鐘が鳴り響く

三沢糾の離職後、下村湖人（虎六郎）が校長に就任した。
下村湖人は校長としての人生で、二度のストライキ事件に遭った。
彼が悪い校長だったわけではなく、不運な校長だったと言うべきであろう
初めは一九二七年台中第一中学校時代に起きた。
台湾人生徒を中心にして台北第一中学の生徒達が授業放棄を起こし、
下村は事件収束後、責任を取り辞任した。
彼が日本人の炊事長の肩を持ったことが学生に不満を抱かせたのだ。
そしてもう一つ、彼の教職人生を終わらせたストライキ事件とは・・・。
それは一九三〇年のことだった。
今、何と？

七星寮※を閉鎖すると？
彼らは退学者を復学させ、無能教師を首にすることも要求しております。実行するまでストライキはやめない、と。
何ということを。
この頃の生徒はいったい何を考えておるのだ。
事件の発端は、ある生徒が筆名で煙草を買って退学させられたことにあった。
生徒達は学校側の処置に不満を抱き、抗議に出た。
同盟休校
決行
下村校長が生徒達の要求をはねのけたため、抗議活動は拡大した。

※七星寮：台北高校高等科の学生寮。

私は三沢先生とは違う。生徒らをわがまま勝手にはさせておかん！
学生は学生らしくするべきなのだ！
七星寮
七星寮に立て籠もった生徒達は、授業にも出ず帰宅もせず、自治組織を作り日常生活を送っていた。
ああ！本当にやっちまったな。
ストライキなんかして、本当によかったのか。
今更何を言う！臆病者が。
とはいえ、高等科全部を巻き込まなくてもよかったんじゃ。
全国どこの高校もやってるんだ。僕らだけしないのは格好つかんだろう？
おいおい、正気か？
校長と担任※が来たぞ！
！

※担任：クラスの担任教師。

今すぐこのようなバカバカしい行為を停止しなさい。
飴玉を欲しがる子供のようなストライキは、誰の得にもなりません。こちらが政府に訴える前に即刻やめるのです！
今は入試を控えた大事な時ではないですか。台北帝大に無試験で入れるとはいえ、東大を目指している人もいます。
時間の浪費などやめて、早く解散するのです！
目的を達成するまで、絶対に解散はしません。
どんな説得にも、生徒達は応じなかった。
九月十一日の夜
申し訳ないが、我々は脱退する。

逃げるのか、この臆病者め！
校長先生の言っていることは正しい！今回のストライキは駄々をこねているだけだ。
ストライキの理由だって、無理があるんじゃないか？
わかってないのはお前のほうだ！何のために我々が闘っているのか…
もうやめろー
皆、自分の意見を持つ自由がある。
行かせてやれ！
また教師らも
彼らの要求を呑む？あり得ないことです！
我々教師の立場はどうなるのです！
文科乙類の生徒がストライキから離脱すると、生徒達の間で動揺が走った。

穏健派
事態の拡大を防ぐために、こちらも妥協せねば。
それでは我々に非があることになります。
強硬派
皆さん、静粛に。
明日私は文教局に行って来ます。
これが生徒達に出す最後通牒です。
もしまだ意地を通すようなら、こちらも警察に訴えるしかありません。
九月十二日午後。
文教局局長が生徒代表と談判した結果は、
決裂。

かくなる上は、
全権を警察に任せます！
!?
校長！彼らは学生であり犯罪者ではありません！
警察なんて、行き過ぎです。
林原先生、落ち着いて！
ふん。
あなたのように学生を甘やかす教師がいるから、
生徒がつけあがるんです。
自由自由と口々に叫ぶが、単に勝手なだけじゃないですか。周りにこんなに迷惑をかけて。

おい！
談判の結果は？
……
代表は文教局の申し出を蹴ったようだ。
これから一体どうなるんだ。
校長先生、警察を出動させるとか・・・
えーっ？
ストも、もう持ちそうにないな。
校長もそろそろ次の行動に出るだろう。
！
あれは・・・林原耕三！
何やってんだ？
！？

*ガッシャーーン
何事だ？
窓が割れたぞ！
林原教授だ！
…！？…
何か叫んでおられるぞ。
おーい！
早く逃げろ！
大変だ！

早くみんなに知らせるんだ。
は、はい！
まずい、警察が来たぞ。
！
みんな中庭に集合だ。
外は警察に囲まれている。どうしよう？
まさか全員、刑務所行きか？
下村の奴！校長でありながら自分の生徒を警察に引き渡すなんて！
学生の人権を何だと思っているのだ！

ふん!
君達のせいで、事態がここまで深刻になったんだろう。
何を!
私はもともと参加なんかしたくなかった。君達に引きずり込まれたんだ。
最初に一番熱心だったのは君だろう!何、責任逃れしてる!
ち、違う。
二人とも落ち着け。

この期に及んで、まだ責任のなすり合いか！
見苦しいぞ。それでも俺、台北高校の生徒なのか。
今回のストライキの目的が何かはともかくとして、
校長でありながら独裁的手段で学生を処するとは何事か。
奴らに、台高生たる者のやり方を見せてやろうじゃないか。

獅子頭山に雲みだれ
七星が嶺に霧まよふ
朝な夕なに天かける
長官！
学生らが校歌を歌いながら行進しています。
何、校歌を？
一体どうしようと言うのだ。
生徒らは警察の監視下、
台北高校の第一校歌（獅子頭山に雲みだれ）を歌いながら、校門を出て行った。
この歌の作詞者は三沢糾校長である。
台北高校の最初で最後のストライキは、この悲壮な歌声の中散って行った。
台北高校万歳
万歳
万歳

後日、学校側は三日間の休校を宣告し、事件のおさまりを待った。
まったく
なぜ私が尻拭いをしなきゃならんのだ？
口では文句を言いつつ、お前、けっこうあっさり引き受けたじゃないか。
うるさい。
もめごとばかり起こす性格は、いつ治るんだ？
台高の卒業生として調停に介入するなら、断る理由などないからな。

じゃ、行って来る。
幸運を祈ってるぜ。
面倒に巻き込まれんなよ。
調停は決して順調には進行しなかった。
退学者三名、停学者十九名。
この結果に不満を持つ教授らが続々と辞職願を出した。
その中には窓を割って生徒らに大事を知らせた林原耕三もいた。
夏目漱石の弟子で優秀な教授である彼を失うことは、
台高にとっては大きな損失だったはずだ。
悪いですね、送ってもらって。
いや、あそこは今雰囲気が悪いからちょうどよかったんだ。
また煙草か。
煙を吸わされるこっちのことまでは知らぬ、か。
はあ、
どうせそれも彼一流の「自由」なんだろうな。

もうこんなことはこりごりですよ。以後二度とないようにしてください。
君が面倒を起こしたら、周りが迷惑を蒙るんですよ。
すまん！
は？今なんと？
もうしないよ。
本当にあなた台高さんですか・・
なあ、台北帝大よ。
自由に生きるってことは、そんなに悪いことなのか？

……
君がそれをどう定義するかによるんじゃないですか。
「人は生まれながらにして自由だ」と、俺はずっと信じて来た。
この名言を吐いたのは、この世では変態扱いされた野郎だけど。
バカみたいにこんな野郎の言葉を盲信した結果が
今のザマだ。
……
今の話には、理論上、誤りが二つあります。
まず、
本人とその言論というのは別ものです。
ルソーが変態なのと彼の論点は関係ない。
次に、
君は原文の一部しか見てません。
原文は「人間は生まれながらにして自由である。しかし、いたる所で鎖につながれている」

いたる所で鎖に・・・か。
三沢校長・・・
台高君、来月私は日本へ帰ります。
この「自由の鐘」を別れの記念にあげましょう。
後任の下村先生の言うことをよく聞くのですよ。
先生、お願いです、いつまでもいてください！
台高君。
この鐘の音色が、いつか君に自由の本当の意味を悟らせてくれるはずです。

自由とは
自我の生命の活動領域を指すのである。
俺がずっと追い求めていた自由は、
本当の自由じゃなかったんだな
……
彼らに時間を与えましょう。

?
生徒達は君と同様、悩んでいるはずです。
ただ我々と違って彼らは成長していく。
成長過程にある学生達は多かれ少なかれ失敗や誤りを犯すものです。
それでも
自由な環境を彼らに与え、彼らの失敗を許し、考える機会を作ってやり、
黙って成長を見守るのが、我々学校のすべきことじゃないですか。
見てみなさい。

諸君、ただいま。
台北帝大さん、お帰りなさい。
お疲れさま、調停の結果はどうでしたか？
あ！
私を覚えていませんか？
第一期生の徐慶鐘ですよ。

*徐慶鐘……
※徐慶鐘：元行政院副院長。台湾本土で誕生した初の農学博士。
台高！
台高！
ああ・・・

みんな大きくなったなあ。
下村湖人の校長辞職後、谷本清心が後を引き継いだ。
谷本は就任後、多くの問題をそつなく処理し、彼の在職期間の十年、
台北高校は自由な校風を維持し、二度と深刻な事件は起こらなかった
谷本校長！
…
今日、新店渓で観月舟行をしますから、帰りは遅くなります。
気をつけて。あまり無茶をしないように。
はい。
全く！風のような子だな。

しかし、この自由な風は、
間もなく吹き止まざるを得ない事態に入った。
戦争の激化で、台北高校も次第に厳しい管理体制下に置かれていった。記念祭、観月舟行といった催しは停止となり、軍事化した教育内容の下高下駄で通りを闊歩した自由な日々は過去のものとなったのだった。
完

台北帝大の憂鬱

台北高校の生徒には、
日本内地の大学にも進学できる選択肢があり、
台北帝大は毎年定員割れを起こした。
そのため、
１９４１年に台北帝大以外の大学を受験できない
大学予科が増設された。

付録

台北高校の主なできごと

1919

12月5日
台湾総督田健治郎は民政長官に、大学設立準備及び台日共学といった項目を命じる。

1920

9月
台湾総督府は七年制高等学校新設に関する予算を設ける。

1922

4月23日
尋常科第一回入学式挙行。
初代校長は台北一中の松村傳校長が兼任。

1925

5月3日
台北一中内に高等科の学生寮「七星寮」開設。
5月4日
高等科第一回入学式。
5月26日
第二代校長に三沢糾が就任。

1931

9月12日
第四代校長に谷本清心が就任。

1936

1月1日
全国高校ホッケー大会で初優勝。
3月31日
新年度から3年生の入寮禁止。

1937

2月
新聞部が校内新聞『臺高』創刊。
5月22日
第十回記念祭。記念祭劇は以後停止。
9月6日
支那事変勃発のため、「観月舟行」中止。

1938

生徒間の申し合わせで断髪決行。

1941

8月26日
第五代校長に下川履信が就任。
12月
太平洋戦争勃発。
軍事訓練として新店へ全校行軍。

1926

3月5日
校内文芸出版物『翔風』創刊。

4月25日
現在の古亭に所在地を移転。

9月10日
新店渓で初の「観月舟行」挙行。
「観月舟行の賦」を創作。

1928

第一回卒業生送別会。

3月5日
七星寮初の寮誌『やまみち』創刊。

11月15日
第一回「記念祭」開催。

1929

10月1日
「自由の鐘」を本館屋上に設置。

11月30日
第三代校長に下村虎六郎（湖人）が就任。

1930

9月10日
高等科生による集団ストライキ事件。

11月15日
「三沢糾先生の像」完成序幕式。

1942

5月
戦争の影響でインターハイ参加できず。
台北帝大予科との対抗戦始まる。

1943

4月
最後の尋常科生入学。

10月
「教育に関す戦時非常措置方案」決定。

1945

3月
最後の高等科生入学。
全校教師・生徒は１３８６２中隊及び重機関銃隊に編成され、淡水・大屯山等に駐屯。

8月
15日、終戦。29日、全校の召集解除。

12月
「台湾省立台北高級中学」となる。

1946

3月
留用の教師以外、日本籍教師・生徒は日本へ引き揚げ。

6月
「台湾省立師範学院」開設。
台北高級中学と共存。

1949

7月
台北高級中学の最後の学生卒業により、廃校。

校歌ー獅子頭山に

大正十四年（1925）

作詞：三澤糾
作曲：阿保寛

1.
獅子頭山に雲みだれ　七星が嶺に霧まよふ
朝な夕なに天かける　理想を胸に秘めつゝも
駒の足掻のたゆみなく　業にいそしむ學びの舎

2.
限りも知らに奧ふかき　文の林に分け入りて
花つむ袂薫ずれば　若き學徒の誇らひに
碧空遠く嘯きて　わがペガサスに鞭あてむ

3.
錬武の場に下り立ちて　たぎる熱汗しぼるとき
鐵の腕に骨鳴りて　男の子の心昂るなり
つるぎ収めてかへるとき　北斗の星のかげ清し

4.
あゝ純眞の意氣を負ふ　青春の日はくれやすく
一たび去ってかへらぬを　など君起ちて舞はざるや
いざ手をとりて歌はなむ　生の歡喜を高らかに

1
獅子頭山上雲氣蓬蓬　七星嶺上霧迷濛
朝夕不斷掛長空　高尚理想存吾胸
駒足奔騰永不休窮　奮勉繁忙學業中

2
前途無量深奧無窮　學問進展捷如風
但看花香盈我袂　青年得意喜重重
引吭高歌遙望碧空　揚鞭顧盼氣融融

3
大顯身手練武場中　男子熱汗灑英雄
鐵腕鋼筋誇百錬　心懷壯志吐長虹
勒馬橫刀歸來歌唱　北斗七星影幢幢

4
哈！要抱正直之志氣　青春易逝去匆匆
光陰一過不復還　及時努力舞庭中
與君攜手歡呼一曲　人生歡樂在其中

台高生の服装

制帽

黒のフェルト製。
白線は二本で、蕉葉をモチーフにした校章が付いている。
学生達はわざとこれをボロボロにしてかぶった。

左襟の襟章

Lは高等科文科
Sは高等科理科
Pは尋常科

ボタン

学校指定の金ボタンが5つ並んで付いている。

制服

詰襟の制服は夏用と冬用がある。

4月1日から
10月31日が
白い夏服。

11月1日から
3月31日が
黒い冬服。

下駄

学校は黒い革靴を指定していたが、台高生達は下駄を愛用した。

専門用語解説

責任はとらないよ!

旧制中学校

戦前日本では、
男子の中等教育の
ために５年制の
学校を開設した。
現在台湾では大部分
が高級中学に
変わった。

旧制高校

１８８６年から１９５０年の
６４年間、
日本にあった高等学校。
戦後は大部分が大学に
生まれ変わった。
教育方法や校風に、
強い独自性があった。
白線帽、マント、高下駄は
高校生の典型的スタイルだった。
高らかに寮歌を歌い街を
歩く姿は、
多くの中学生の憧れの的
だったという。

帝国大学

１８８６（明治１９）年～終戦。
戦前日本における最高学府で、九校あった。
設立年の古い順に：

1、 東京帝大（１８８６年）
2、 京都帝大（１８９７年）
3、 東北帝大（１９０７年）
4、 九州帝大（１９１１年）
5、 北海道帝大（１９１８年）
6、 京城帝大（１９２４年） 後のソウル大学
7、 台北帝大（１９２８年）
8、 大阪帝大（１９３１年）
9、 名古屋帝大（１９３９年）

予科

大学付属の高等教育機関。
基本的には高等学校と
同じ教育内容。
しかし予科の学生は
他の大学には進学できなかった。

宛如降雨（《椰子樹會報》第 12 號）

寮雨

寮の二階の窓から
下に向けて、
雨のように
見せ小便をすること。

観月舟行

七星寮の生徒達が
一緒に酒を飲み、
歌を歌いながら
船で川下りを
楽しむ行事。

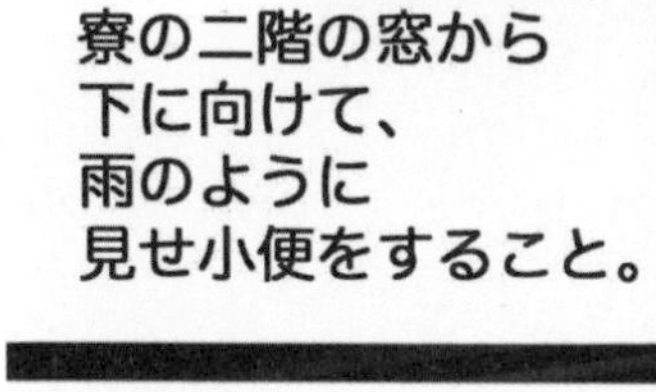

ストーム
storm

旧制高校の学生寮では
「バカ騒ぎ」を
よくした。
太鼓や鍋を打ち鳴らし、
数十人が肩を組んで
寮歌を歌いながら
廊下や町を練り歩いた。

七星寮

台北高校の生徒達の
自治による宿舎。
高校生の自主自治の
精神が最も
発揮された場所。
今は取り壊されていて、
現存しない。

バンカラ

弊衣破帽の
スタイルなど、
第一高校を中心に
高校生の間で
流行した服装や
生活の
様式を指す。

後記
LOW
罰と罪
皆さま、
私も擬人化されました。
私は台湾師範大学です。
余った頁は、私が作者になりかわり埋めることにします。
よろしくお願いいたします。
台北高校漫画製作は数年前に擬人化が流行している時、作者が面白いなと思い大学を擬人化した漫画を描いたことがきっかけでした。
ついでに申しますと主役は私
もちろん俺様だ。
その時は時事を風刺した4コマギャグ漫画に過ぎませんでした。
台大
ある日、作者は師大図書館で台北高校の展示品を見ました。
※イメージ
それで台北高校漫画が生まれたわけですが、当時書いた下書きは、それはそれは見られたものじゃなかっただです。
台高
※ド素人

当時作者は蔡錦堂先生の授業を履修していました。
期末レポートはどんな形式でもよろしい。
先生のこの一言で、
遊び半分で台北高校漫画の下書きを提出したのです。
驚いたことに、
蔡先生が来いって！
落とされるのか？
台北高校の漫画、出版させてあげられるかもって。
ま゛じで
考証も何もないこんな妄想物、出版できるわけないよ！
ということで書き直し決定・・・
むしゃむしゃ
日本統治時代の歴史認識を充実させ、時代背景をきっちり設定するため、
かなりの時間、台湾図書館に籠りました。そのせいで製作の進行速度は落ちてしまいました。

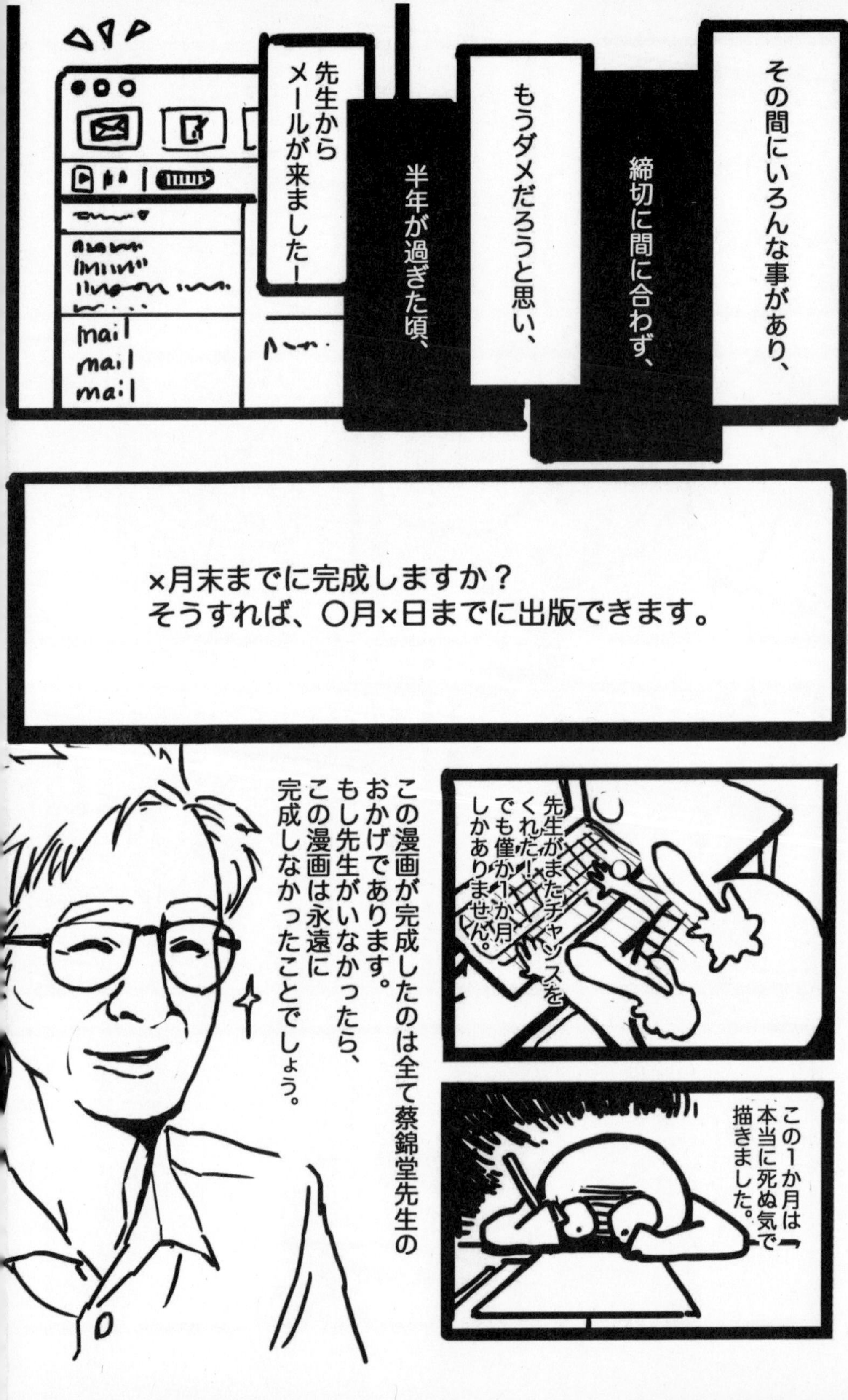
その間にいろんな事があり、
締切に間に合わず、
もうダメだろうと思い、
半年が過ぎた頃、
先生からメールが来ました—
mail
mail
mail
×月末までに完成しますか？
そうすれば、〇月×日までに出版できます。
先生がまたチャンスをくれた！
でも僅か1か月しかありません。
この1か月は本当に死ぬ気で描きました。
この漫画が完成したのは全て蔡錦堂先生のおかげであります。
もし先生がいなかったら、この漫画は永遠に完成しなかったことでしょう。

それから、
徐聖凱先輩にも
感謝してます。
先輩の論文が
台高漫画の基礎に
なったからです。
戦争期、
一三八六二部隊に
編入された台高生。
終戦後「台北高中」に
改称され、
最後は廃校となりました。
この漫画には多くの
改めるべき所があります。
どうか、
これをきっかけに
皆さんが台湾のいろんな
ことに興味を持って
くれますように。
どうも
ありがとうございました。

參考資料

書籍

《縱横山林間》鹿野忠雄 國史館

《日據下台灣大事年表（西元一八九五～一九四五）》葉榮鐘 晨星

《台灣幸福百事：你想不到的第一次》陳柔縉 究竟

《台灣西方文明初體驗》陳柔縉 麥田

《台灣世紀回味：時代光影》遠流台灣世紀回味編輯組 遠流

《台灣世紀回味：生活長巷》遠流台灣世紀回味編輯組 遠流

《台灣世紀回味：文化流轉》遠流台灣世紀回味編輯組 遠流

《日治台灣生活史》竹中信子著、曾淑卿譯 時報出版

《回首來時路—陳五福醫師回憶錄》張文義 吳三連基金會

《楊基銓回憶錄》楊基銓 前衛

《從帝大到台大》陳奇祿等編 國立台灣大學

《王育德自傳》王育德著、吳瑞雲譯 前衛

期刊、論文

〈日本治台後半期的奢侈品—台北高等學校與近代台灣菁英的誕生〉蔡錦堂《2007年台日學術交流國際會議論文集》

〈日治時期台北高等學校之研究〉徐聖凱 國立台灣師範大學

〈弊衣破帽的天之驕子—台北高校與台大預科生〉鄭麗玲《台灣風物》

〈日據時期台灣的高等教育〉吳文星《中國歷史學會史學集刊》，25期

〈帝國大學在殖民地的建立與發展—以台北帝國大學為中心〉鄭麗玲 國立台灣師範大學

〈台北帝大的日子〉中村孝志著、陳俐甫譯

《台北高等學校生徒便覽》昭和12年度（台北高等學校1937年）

《台高》（台北高等學校新聞部 1937-1940）

台灣日日新報 (1925-1941)

網站

台北高等學校網站

http://archives.lib.ntnu.edu.tw/Taihoku/home.jsp

台北高等學校寮歌集

http://www5f.biglobe.ne.jp/~takechan/taihokuryoukashu.html

國立台灣大學校史館—校史漫談部落格

http://gallery.lib.ntu.edu.tw/

マンガ 台北高校物語

作　　者　陳中寧
譯　　者　津田勤子
美術編輯　宸遠彩藝
出 版 者　前衛出版社

10468台北市中山區農安街153號4樓之3
Tel：02-2586-5708　Fax：02-2586-3758
郵撥帳號：05625551
e-mail：a4791@ms15.hinet.net
http://www.avanguard.com.tw

出版總監　林文欽
法律顧問　南國春秋法律事務所林峰正律師
出版日期　2014年6月初版一刷

總 經 銷　紅螞蟻圖書有限公司
台北市內湖舊宗路二段121巷19號
Tel：02-2795-3656　Fax：02-2795-4100
定　　價　新台幣300元　日幣1000円

Printed in Taiwan　ISBN 978-957-801-740-5